OUI ou NON

DIEU LE VEUT-IL?

PAR ..... UN ERMITE CHAMPENOIS.

2e ÉDITION.

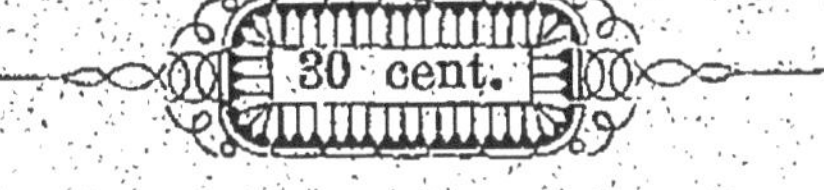

Paris.

Chez Desloges, éditeur, rue St.-André-des-Arts;
Et chez Garnier frères, 10, rue Richelieu,
115, Palais-National.

CHAT.-TH. TYP. D'EUG. LAURENT.

OUI OU NON

DIEU LE VEUT-IL ?

PAR J... UN ERMITE CHAMPENOIS.

Paris.

DESLOGES, éditeur, rue St.-André-des-Arts.

1849.

Table des Chapitres.

OUI ou NON

DIEU LE VEUT-IL?

I.

Oui ou non, — la France est-elle républicaine depuis longtemps?

Oui ou non, — la France voulait-elle la République?

Oui ou non, — a-t-elle en horreur la République communiste, socialiste, conventionnelle?

Oui ou non, — est-elle faite pour comprendre, pour aimer la République démo-craticc-monarchique?......

(Expliquons tout d'abord ce mot : *monarchique*, qui ne signifie pas royaliste, qui convient plus à notre République Présidentielle qu'à la royauté Mérovingienne, alors que la France comptant jusques à 4 rois, est appelée *monarchie* par certains historiens. — Monarchie signifiant gouvernement d'un seul appartient à notre République démocratique.)

Voilà la grande question que chaeun doit se poser au moment de la lutte électorale :

Question nettement tranchée pour quelques-uns, dans un sens ou dans un autre ;

Question encore indécise pour une infiniment petite minorité :

Question qui aurait dû être posée à la nation par le gouvernement provisoire, ou plutôt par l'Assemblée nationale, par tous les pouvoirs qui se sont succédé depuis le 24 février 1848.

Pour arriver à une solution logique, ne nous arrêtons pas à J.-J. Rousseau, à Voltaire, voire à Calvin....

Remontons un peu plus haut : nous le devons.

Dans la vie d'un peuple, toute révolution est une crise qui se rattache au tempérament du corps social.

Toute crise est ou maladie de croissance, ou signe de vieillesse, de caducité.

Pour bien constater si toute révolution est une crise provoquée par la faiblesse des organes, ou par l'exubérance de la santé,

Il faut bien connaître le malade, et pour cela remonter jusqu'à la naissance, autant que possible : les précédents peuvent seuls indiquer le remède, s'il y a lieu.

Bien connaître pour bien juger; bien juger pour constater s'il y a espoir de vie ou crainte de mort; croissance ou caducité.

II.

Jetons donc un regard en arrière. Les faits diront ce que nous sommes. L'histoire n'est-elle point la diagnostique du *corps* social?

Nos constitutions républicaines, ou plutôt démocratiques, datent-elles seulement d'hier? Sont-elles inscrites au livre de nos annales nationales?

Depuis l'ère du Christ, la République

nouvelle était en lutte avec la vieille République.

Rome et Athènes donnaient liberté et richesses à quelques oligarques, pour asservir des millions d'esclaves au joug qu'elles imposaient au reste du monde. Sparte elle-même, Sparte la sévère, avait ses ilotes, ses privilégiés de la misère.

C'est le rôle que veulent continuer toutes les aristocraties, l'aristocratie des lords égoïste entre toutes.

La loi nouvelle assurait aux hommes : Liberté, Egalité, Fraternité ; elle commandait aux riches et aux pauvres de s'aimer les uns les autres. L'obéissance à la loi devait perpétuer le bonheur de tous. C'est aussi vers ce noble but que doivent tendre les efforts de tout gouvernement loyalement philanthropique. Est-ce d'aujourd'hui seulement que l'égoïsme, source de tous maux, essaie d'entraver l'humanité dans sa marche vers un monde meilleur ?.... La lutte était difficile : une douzaine d'hommes obscurs se chargent d'enseigner la loi d'égalité aux repus de la terre. — Le principe devait triompher, tant il avait de puissance..... Mais que d'obstacles, même de la part des esclaves qui n'osaient en croire à leurs oreilles !!!...

Sans nous arrêter à l'histoire des autres peuples, arrivons à la nôtre.

— Clovis, le premier chef conquérant d'une démocratie barbare qu'il amenait des glaces du Nord sous le beau ciel de notre patrie (486), vient de vaincre les deux principes qui se partagent l'empire des Gaules, le principe énervé de Rome déchue et le principe de la démocratie évangélique, toujours vivace, mais *exploité*, dénaturé par un clergé plus avide des richesses et de la puissance romaine que fidèle à la loi de fraternité qui lui imposait l'égalité et l'humilité chrétienne.

— Rome vaincue s'est évanouie; mais elle a légué ses vices aux vainqueurs.

Que fait alors le démocrate conquérant? Ses frères guerriers sont éblouis par ses triomphes; il les soumet facilement par le prestige de la victoire; il essaie, à leurs applaudissements, de la pourpre romaine... Les insensés! ils en sont heureux et fiers; ils ne sont déjà plus libres!...—Mais reste le catholicisme qui pourra dompter le vainqueur à son tour. Le principe évangélique a déjà soumis toutes les Gaules. L'adroit Clovis a bien vîte compris la politique à suivre ; il lui en coûtera peu de se faire chrétien ; les évêques consolideront sa conquête et sa couronne. En échange, il leur laissera une large part de puissance et de richesses......

Premier pas en arrière dans la liberté de la démocratie française. — Premier pacte, première conspiration de la crosse et du sceptre.... Les Gaules, après avoir subi la révolution des *idées*, devaient donc descendre à une simple révolution de personne !...

— Ce Clovis n'eut pour successeurs que des tyrans cruels et farouches ou des rois fainéants et imbéciles ; il avait déshérité ses frères d'armes des bienfaits de la liberté ; un sujet ambitieux devait aussi déshériter sa race de la couronne royale. Le dernier de ses descendants expira dans une sainte prison (755) de ce clergé qui avait conspiré avec lui contre les franchises nationales.

Cependant, que faisait le peuple Franc ? Le peuple Franc, comme le peuple Gaulois, confiant en ses chefs, se laissait refouler dans l'ignorance de la barbarie, tandis que ces derniers noyaient leur énergie dans les délices d'une civilisation dégénérée.

— Vint ensuite Charlemagne (768), grand conquérant, habile législateur. Il semblait vouloir une révolution de principe: ce ne fut encore que la suite d'un changement de personne ou de système. On crut qu'il allait faire revivre la loi d'égalité et de fraternité.... hypocrisie ! Pouvait-il renier Pépin-le-Bref? Pouvait-il spontanément abdiquer sa prérogative royale, pour la retremper dans la souveraineté populaire?... — Loin de là, on le vit aspirer à l'empire ; la royauté ne lui suffisait plus. Il convia, il est vrai, des enfants du peuple aux plus hautes dignités de l'épiscopat, mais seulement pour humilier les évêques devenus redoutables à son omnipotence. — Au lieu de rétablir la loi d'égalité, il créa de nouvelles distinctions militaires, pour contrebalancer l'influence des priviléges ecclésiastiques. Triste calcul ! C'était un nouveau germe de dislocation, l'origine de cette féodalité qui devint si funeste aux rois et aux peuples... Tant il est vrai que tout est faux en dehors du principe de la fraternité ! — Les pleurs de la misère, les gémissements du servage étaient alors les seules armes opposées par l'opprimé à cette triple tyrannie du sceptre, de la crosse et de l'épée....

La race de Charlemagne finit à peu près comme la première, par une intrigue de palais : seulement si la seconde race fut inaugurée par une grande gloire militaire, la troisième ne se fit remarquer au début que par la fourbe d'un conspirateur ! !... Les Capet devront finir comme ils ont commencé....

Cependant la liberté réagissait sourdement : quoique lentement progressive, son action devenait chaque jour plus sensible. Au milieu de la fermentation causée par la première croisade à la fin du onzième siècle, on voit surgir les premières communes ; et le 12e siècle reçoit les leçons du fameux Abailard, l'un des plus grands apôtres de l'émancipation. — Néanmoins la lutte durait toujours, et malgré l'héroïsme des cœurs généreux qui aspiraient à l'affranchissement, la victoire semblait devoir éternellement rester à l'oppression..... Mais des plaintes du serf quelques-unes parvenaient jusqu'au Dieu qui avait voulu la loi d'égalité : une arme puissante fut enfin jetée du ciel, pour aider l'humanité dans la revendication de ses droits ; au milieu du 15e siècle le souffle divin inspira trois hommes du peuple, et l'imprimerie offrit ses premières merveilles au monde étonné (quelques historiens veulent que Guttemberg appartienne à la noblesse, soit ; mais si le hasard de la naissance l'avait *ennobli*, le travail ne l'avait-il pas fait homme du peuple ?)....

Alors les plus intelligents parmi les oppresseurs commencèrent à comprendre que la régénération de la liberté approchait : les idées qui fermentaient dans le silence, jaillirent des têtes inclinées sous le joug, pour faire invasion sur la place publique... Tout trembla, et la royauté envahissante, et la noblesse parfois complice de la couronne, plus souvent criminelle pour son propre compte, et le clergé corrompu par le partage des richesses et de la puissance, le clergé honteux que l'imprimerie fît lire à tous la loi de fraternité par lui mise en oubli.

Ce secours imprévu arrivait merveilleusement à point, au moment où la France, reconquérant son indépendance nationale, venait de chasser l'Anglais du sol délivré, à l'exception de la seule ville de Calais : il était temps ; la royauté dans la personne de Louis XI, la royauté plus habile que jamais à exploiter la générosité française, faisait servir la reconnaissance du passé à l'asservissement de l'avenir ; nous étions libres à l'étranger, pour être asservis au despotisme royal. Charles VII avait chassé l'Anglais, Louis XI avait dompté la féodalité, et ce n'était pas au peuple que la victoire profitait : à cela il gagnait de n'avoir plus qu'un seul maître absolu. Le peuple va se mettre à l'œuvre pour son propre compte; mais qu'importe l'avenir à Louis XI? Il est sûr de mourir dans son omnipotence.

Tandis que quelques hommes travaillent dans le calme de l'étude à l'émancipation intellectuelle, soit calcul politique, soit plutôt hasard providentel, la royauté pousse à de nouveaux champs de bataille tout ce que la nation possède d'énergie et de puissance virile : Charles VIII, Louis XII, François 1er retardent la grande lutte politique par l'enivrement de la gloire militaire, cette passion, séculaire, traditionnelle du peuple Franc. Toutefois, si la liberté n'a pas encore ses brillants héros, ses obscurs travailleurs n'en poursuivent pas moins leur œuvre incessante, à l'ombre des lauriers que les Gaston, les Bayard, les Montluc, moissonnaient à Ravennes (1512), à Marignan (1515), à Cerizoles (1544).

Cependant viennent les règnes néfastes des Henri II, des François II, des Charles IX, des Henri III. Que de courage héroïque dépensé au profit de la guerre civile!... Que de merveilles n'auraient point enfantées les Guise, les Condé, tous ces géants qui dominent de toute leur grandeur la petitesse de la royauté!... Si au lieu de vouloir renouveler les Pépin ou les Capet, Guise se fût contenté d'être un héros, comme à Calais, au lieu d'user son génie en intrigues de cour contre l'italienne Catherine, quels beaux jours pour la France et la liberté!!..

Mais l'idée, succombant sous le fait, devait disparaître dans des flots de sang; mais la France devait traverser une Saint-Barthélemy, pour arriver après bien des luttes sanglantes, après des victoires fratricides, à quoi?...... A une abjuration pour une royauté, à une messe pour un trône. — La chose en valait bien la peine....

Henri IV, passant ainsi gaiement du roi parpaillot au roi très chrétien, donnait à l'histoire la morale de toutes ces guerres prétendues religieuses. De tout temps le peuple avait aspiré à la liberté, avait conspiré sans le savoir pour la liberté ; — mais toujours de bonne foi, il avait cru faire de la religion, quand il ne faisait que de la politique. Les libres penseurs l'avaient compris : lui parler gouvernement ou liberté politique ; il ne s'en fût pas ému : on s'en prit à sa conscience, à sa foi religieuse : de là toutes ces guerres impies du calvinisme, du protestantisme, du catholicisme....

Le clergé défendait ses privilèges : la noblesse n'avait plus autant à perdre ; mais elle avait à gagner dans l'abaissement de la royauté : elle ne s'en fit point faute... — Et le pauvre peuple, abaissé avec la royauté qu'il se disputait de protestant à catholique, ne voyait pas que royauté, noblesse et clergé s'entredéchiraient pour sa dépouille, comme toujours, loin de songer à se sacrifier, à se dépouiller pour son bien-être et son émancipation. — Lutte de tous les privilèges autour du vilain éternellement corvéable, en attendant la guerre de vilain à seigneur, de peuple à clergé, noblesse et royauté.

— A la monarchie rendue populaire par l'astucieuse bonhomie du roi Henri IV; à la royauté énervée par Louis XIII, mais raffermie par la forte main du cruel mais habile Richelieu; à l'absolutisme un moment si grand, si magnifique de Louis XIV, à ce rayonnement de toutes les gloires, non du centre aux extrémités, mais de la circonférence au centre; aux royales orgies de la régence, aux plaisirs pernicieux de Louis XV, qui mérita le nom de bien-aimé, par lui-même, en dépit des intrigues qui travaillèrent constamment à l'avilir, jeune ou vieux, — avait succédé sur le trône de Saint-Louis, du néfaste Philippe de Valois, du fou Charles VI, du cruel Louis XI, du chevaleresque mais voluptueux François 1er, du sanguinaire et fauve Charles IX, le bon, le juste, le vertueux mais faible monarque Louis XVI, le seul capable de faire pardonner, oublier les maux causés par tous les autres, le seul puni d'un crime ou d'un malheur qui ne lui fut jamais personnel, le seul qui aurait peut-être dû trouver grâce devant la république française pour avoir aidé à l'établissement de la république américaine....

Le règne de la liberté était-il enfin arrivé? Non : la philosophie avait tout empoisonné d'avance, même la révolution qui se préparait.

Résumons nous :

Monarchie élective des Mérovingiens, établie par la démocratie de la conquête Franque, minée par la succession divisible, minée surtout par l'intrigue cléricale, définitivement renversée par le maire du palais, complice du clergé :...... — « Vu l'état des « choses, celui qui était en possession de « l'autorité pouvait y joindre le nom de « roi. »

Parole richement payée à la papauté *temporelle.*

Monarchie de Pépin-le-Bref trop généreuse avec le clergé, monarchie de Charlemagne trop prodigue avec la noblesse militaire; double cause de ruine jointe à l'imbécillité des successeurs de ces deux grands hommes.

Monarchie des Capet, nouvelle usurpation sur la royauté si elle était héréditaire, sur le peuple si elle était élective : immense chaîne de revers et de malheurs trop rarement ornée de quelque gloire ou de quelque bonheur durable....

Si les deux premières races furent ingrates envers la nation, pour ne s'appuyer que sur deux fractions, sur le clergé ou sur la noblesse, ou sur les deux ensemble, — la troisième, voulant sortir des entraves de ces deux puissances rivales, voulant surtout briser la féodalité à son profit, sembla recourir au peuple pour sortir d'une commune oppression ; mais la royauté, une fois dégagée, avait continué son rôle d'oppression, et le peuple était resté toujours... opprimé.

III.

Si la féodalité avait disloqué le royaume, presque effacé la royauté au milieu des petits souverains toujours rivaux, souvent plus puissants que le roi, il faut le dire aussi, Louis XIV, après Richelieu, avait achevé de venger Charlemagne et de réparer les fautes de son système.... Mais, dix siècles d'attente et d'efforts, c'était bien cher pour le peuple, qui ne recueillit aucun profit de sa complicité avec la royauté... Il avait aidé la monarchie dans sa lutte contre les priviléges ; mais une fois la lutte terminée au profit de l'absolutisme, non de la liberté, d'autres priviléges vinrent encore flatter noblesse et clergé. Pauvre Jacques resta comme devant bonhomme corvéable à merci. Celui dont il avait réparé la fortune avariée se ligua avec ses ennemis de la veille, pour l'opprimer le lendemain et s'enrichir en commun de ses sueurs et de ses dépouilles.

Combien de fois ne fut-ce pas le fonds de l'histoire des Français !

On a dit souvent, on a toujours répété : Louis XVI a payé les fautes de Louis XV ! Le règne corrompu de ce dernier fut la cause de notre grande révolution.

Ni l'un ni l'autre : tous deux occasion ou prétexte.

La vie d'un peuple ne se compose pas de la vie d'un seul roi.

La vie d'un peuple comme nous date de 15 siècles, si nous remontons seulement à Pharamond ; mais, si nous retournons jusques aux Gaulois, nos aïeux aussi, il faut compter plusieurs milliers d'années.

Dans la vie individuelle, on peut constater qu'un vieillard centenaire meurt d'une maladie contractée parfois au berceau, souvent dans l'enfance....

De même dans la vie nationale, la cause de la mort ou de la maladie ne doit pas être attribuée à une imprudence de la veille.

93 n'est que le lendemain de Louis XV, voire de Charles IX.

Si la crise semble arriver brusquement aujourd'hui, rappelons-nous que la cause de la maladie date non pas d'hier, non pas d'une seule année, mais de plusieurs.

Ce n'est donc ni à Louis XV, ni à Charles IX ni à tant d'autres rois néfastes, mais à Charlemagne lui-même, mais à Clovis qu'il faut remonter, pour trouver l'origine du mal.

Clovis avait usurpé une couronne sur l'admiration de ses compagnons de gloire. Il eut le tort immense, pour le peuple, de lui faire abdiquer sa souveraineté ; pour sa royauté naissante, de distribuer le royaume en quatre parts à ses quatre enfants. Mauvais exemple ; cause de ruine.

Charlemagne eut les mêmes torts ; il en eut de plus grands encore : sa dynastie s'éteignit encore plus vite.

Hugues-Capet, plus adroit pour la royauté, fut aussi plus habile à tromper les espérances du peuple. La France attendit huit cents ans l'accomplissement des promesses royales. — Quand Louis XIV, débarrassé de toute gêne, fût vraiment le maître, le peuple crut la royauté assez forte pour lui rendre toutes ses libertés nationales.... Le peuple attendit en vain! En revanche, les orgies de Louis XV, les mépris de la noblesse et du clergé, vinrent lui apprendre qu'il ne devait plus compter que sur lui.... Et nous avons eu 89.... — Huit cents ans de despotisme et d'attente depuis Hugues-Capet! Qu'on ose proclamer ensuite le peuple français toujours remuant, éternellement révolutionnaire !....

IV.

De tout ce qui précède, faut-il conclure que si toujours le peuple fût républicain, que si toujours il eut l'amour des institutions démocratiques, il ne voulut jamais de République, puisqu'il n'en dit pas un mot avant 92 ?

Singulière conclusion pour de telles prémisses ! Voyons pourtant :

Parlera-t-on du temps où les Gaules étaient couvertes de nombreuses petites Républiques, nullement démocratiques assurément ?

Je répondrai : jamais le pays ne fut plus en proie à la tyrannie des chefs qui se disputaient non le privilége de lutter pour la liberté commune, mais pour l'usurpation de l'autorité. Avec des soldats comme ceux qui faisaient trembler Rome, les Gaules, unies par un pur patriotisme, pouvaient non seulement résister, mais vaincre, mais dompter le colosse romain. Ce qu'ils ne purent par le courage, les consuls ou les empereurs entreprirent de l'obtenir par la politique; ils avaient saisi le côté faible des constitutions gauloises, le défaut d'union entre les divers Etats , et la rivalité de leurs chefs vaniteux. Ce que ne put le fer, l'or le tenta et l'obtint; l'audace eût échoué devant la vaillance des peuples, la corruption réussit sur l'esprit des princes de ces hautaines Républiques. — Pour un palais à Rome, pour un siége au sénat, pour une toge romaine, on les vit vendre la liberté, l'indépendance des cités qu'ils avaient mission de défendre.

Comme on le voit, Louis-Philippe connaissait parfaitement le fond du caractère de la nation toujours gauloise à l'endroit de la vanité et de la corruption. A l'exemple des Tibère et des Claude, il s'avisa d'acheter ce qu'il n'aurait jamais su vaincre ouvertement. Honte à jamais aux fameux *libéraux* de 1830 qui se mirent à l'encan, qui pour des honneurs, qui pour de l'or et des places! Sommes-nous moins corruptibles sous la République renaissante que sous *l'empire* dégénéré de ce vieux Tibère du 19e siècle?

Mais hâtons-nous d'arriver à l'époque Mérovingienne.

Voici venir un peuple qui s'avance comme un seul homme, comme un seul guerrier. Les proconsuls avaient succédé aux chefs Gaulois qui avaient préféré les plaisirs de Rome aux devoirs de la défense nationale; ainsi, la France va remplacer les Gaules. Lutèce a vaincu l'empire des Césars.

La joie de la victoire a trop vîte énervé les Francs triomphateurs. Après avoir chassé les Romains, ils avaient deux politiques à suivre: Gaulois du nord, ils pouvaient, ils devaient se présenter en libérateurs à leurs frères les Gaulois du midi; mais ils ont préféré les traiter en vaincus, au lieu de leur donner l'indépendance en échange du joug romain; alors, pour mieux défendre leur conquête, ils se sont vus obligés de concentrer la force répressive dans une seule, main, celle de Clovis. La gloire du chef les avait d'ailleurs éblouis au point de les pousser au-devant du joug qu'ils s'imposèrent pour dominer. Pour asservir leurs frères, ils se firent serviles eux-mêmes.

C'est de là que datent tous les malheurs de la patrie.

Dès-lors aussi, on put constater un fait : à l'élection démocratique, qui ne sera plus qu'une formalité *historique*, a succédé l'hérédité du pouvoir royal, à ce point que les descendants de Clovis se partagent le royaume comme un *céleste* patrimoine.

Depuis cette fatale époque, il serait difficile de retrouver chez nos aïeux le moindre désir de revenir à un gouvernement semblable à celui des Républiques plus ou moins fédératives des Gaules, voire à celui de la République nomade et démocratique des Francs. Pendant plus de quatorze siècles, on a vu souvent le peuple opprimé combattre, verser son sang pour ressaisir son indépendance, sa dignité nationale.... Jamais une seule aspiration vers la République tumultueuse à la façon des conventionnels ou des socialistes.

Francs et Gaulois, deux peuples frères, toujours remuant pour l'indépendance, ont toujours aimé à se débarrasser des soucis du gouvernement sur un *chef royal,* non par servilité, mais par amour du repos. En cela, furent-ils moins sages que les Romains et les Athéniens, qui n'auraient pu vivre sans le tumulte de l'agora ou du forum? Généreux, ils voulaient un chef pour les guider au combat, pour les faire jouir en paix des profits de la victoire, non un maître pour les soumettre au joug, pour faire servir leur confiance à leur asservissement. Peu jaloux de leurs droits politiques, ils se contentent souvent de l'élection comme mémoire, au lieu de s'en servir comme on use d'un droit. Ils aimaient qu'on sût qu'ils pouvaient se choisir leurs *princes;* mais ils préféraient que ceux qu'ils avaient fussent assez bons pour les débarrasser de ce soin.

S'ils furent un jour heureux d'être délivrés de l'indignité de la race Mérovingienne, combien ne se trouvèrent-ils pas plus heureux encore d'avoir rencontré dans les fils de Charles-Martel des chefs nouveaux en tout dignes du vainqueur des barbares, des chefs qui s'imposèrent brillamment au nom de la gloire militaire, cette éternelle passion, cette passion dominante du peuple Gallo-Franc.

Ainsi toujours, comme nous avons pu le voir dans le résumé sommaire que nous avons essayé plus haut.

V.

Depuis la dégradation des chefs Gaulois qui se vendirent à Rome, qui vendirent les Gaules à l'empire ; — depuis l'abdication du peuple Franc entre les mains de Clovis, le roi de son choix ; — jamais, pas un seul jour, le moindre désir de ressaisir le pouvoir purement républicain.

Avant Clovis, lorsque déjà les Francs se choisissaient un *chef-roi à vie*, on a vu le peuple chasser un Childéric, comme indigne de commander à des hommes libres.

Depuis ce roi débauché, notamment sous la race Carlovingienne, il a parfois interrompu la suite des successeurs indignes du *grand* Empereur, pour rappeler à ses chefs qu'il n'avait pas entièrement abdiqué sa souveraineté ; mais jamais, à aucune époque de l'histoire, le principe *monarchique* n'a été attaqué par le principe démocratique. La monarchie toujours en grande vénération n'a jamais souffert de l'indignité des rois. La démocratie s'attaque constamment à son seul ennemi, le principe *oligarchique* de l'aristocratique féodalité. Là était le danger ; là toujours fut la lutte...... Il a fallu au peuple français, accusé légèrement de légèreté, des siècles de patience, pour le rappeler à l'usage d'anciens droits mis en oubli...... Il a fallu que le glaive de Charles Martel et de Charlemagne se rouillât sous les marches d'un trône avili, après être lourdement tombé des mains trop faibles d'un Louis-le-Débonnaire et d'un Charles-le-Simple ;... il a fallu ensuite huit siècles de déceptions, sous la race Capétienne, pour le décider à briser ce qu'il ne pouvait plus souffrir, l'arbitraire à la place du droit, l'oppression à la place de la liberté, la corruption, la dégradation à la place de la dignité et de la gloire nationale.

Ainsi donc à ceux qui prétendent que la nation est et fut toujours monarchique, je réponds : oui, si vous tenez compte du sentiment démocratique, toujours dédaigné par les puissants, souvent méprisé, plus souvent encore odieusement exploité par les uns et par les autres...

A ceux qui affirment qu'elle n'était que démocratique, je dis : « lisez l'histoire. » Oui, les Gaulois furent républicains, et quels républicains ! Oui, les Francs furent républicains, mais combien de temps ? Du moment qu'ils nous apparaissent dans l'histoire, nous les voyons fatigués de la souveraineté, la déposer entre les mains d'un chef élu, bientôt héréditaire, prince et roi : une sorte de république avec la royauté de Sparte.

Et c'est parce que le peuple a trop facilement abdiqué la souveraineté au profit exclusif de la royauté ;

Et c'est parce que la royauté s'est crue seule souveraine, en dépit d'un droit qui ne peut s'aliéner par le présent au détriment de l'avenir, — que tant de maux ont si longtemps pesé sur notre malheureuse patrie ! ! !...

Je l'ai dit hier, je le répète aujourd'hui, le gouvernement républicain ou plutôt démocratique est seul possible en France....; mais, entendons-nous.

Ce n'est pas à dire pour cela que la

France demande la république de 93, la république grecque ou romaine avec des esclaves, la république *sociale* à la façon de nos mille et mille utopistes...... Non, par Jupiter, non.

Cette république serait ou le tumulte du forum, nos mœurs ne peuvent s'y habituer, — ou la féodalité des intrigants avec les infamies de la vieille féodalité. — Car la féodalité ne finit-elle pas un jour par faire de la France la plus hideuse république oligarchique, aux dépens de la monarchie amoindrie et la démocratie refoulée dans les bas fonds de la misère ?

Le gouvernement qu'il nous faut, nous le possédons : avec le suffrage universel, la constitution que nous avons ou toute autre que nous n'avons pas; avec un chef moins mobilisable que vous appellerez ou président, qu'importe le mot, ou tout autrement si vous n'êtes pas plus chatouilleux que les sévères Lacédémoniens.

C'est pour avoir méconnu, trahi le sentiment démocratique, que le peuple fut si longtemps la proie de la misère, et que trois races de rois finirent par succomber.

— Mais, vont s'exclamer les royalistes

d'autrefois et les monarchiens d'hier, — mais le principe monarchique que nous défendons, repose précisément sur le principe démocratique que vous proclamez.

— Nous allons bien voir.

VI.

— Vous d'abord, escamoteurs de juillet, monarchiens de 1830. — Votre royauté bâtarde est un non-sens. Une couronne glissée subrepticement sur la tête d'un prince conspirateur ne repose sur aucun principe ; — le monarchique vous l'avez violé, le démocratique vous l'avez volé...... Elle tenait si peu, cette couronne, qu'elle est tombée dans la boue, où nul de vous n'eut le courage de la défendre.....

Vîte, passons. Vous êtes hors de cause.

. . . .

Et vous, Messeigneurs de la légitimité, de quel principe démocratique entendez-vous parler en faveur de votre monarchie de droit divin (droit divin ! autre non-sens....) ?

—Votre monarchie est légitime ? — Pourquoi ?.... Est-ce parce qu'une usurpation, deux, trois, trente usurpations bien cousues, bien cachées dans la nuit des temps, valent même mieux qu'une élection populaire fondée sur le suffrage universel, qui ne daterait que d'hier?....

Ce qui est injuste au soleil que nous voyons, ne peut être juste dans la nuit des temps que nous ne voyons plus. Le droit est absolu : ce qui était usurpation, il y a huit cents ans, est encore usurpation aujourd'hui.

Pour un fossé, pour un mur mitoyen, pour une langue de terre, il y a le bénéfice de la prescription après quelques années.

Pour la souveraineté du peuple, il n'y a rien : elle est imprescriptible comme les rayons du soleil, imprescriptible comme la justice de Dieu....

Ou bien votre royauté est-elle légitime, parce que le peuple l'a proclamée dans ses comices? C'est ce que nous va dire l'histoire :

« .... Il ne restait de la race Carlovin-
» gienne que Charles, duc de Lorraine.....
» mais il est certain qu'il avait pour enne-
» mis la reine Emme et tous ses amis, et le
» clergé et les évêques..... ajoutez à cela
» qu'il s'était toujours éloigné de la cour

» de France, en sorte que ses ennemis le » faisaient *passer pour allemand* et pour » *ennemi des Français*... D'ailleurs *sa partie* (la partie de Hugues) était *faite depuis* » *longtemps* : de sorte qu'ayant assemblé » DES évêques et DES seigneurs dans la ville » de Noyon, il *se fit aisément* élire et pro- » clamer roi. »

(MÉZERAY.)

« Hugues n'eut qu'à se présenter dans » une assemblée de *seigneurs* qui se tint à » Noyon pour se faire proclamer roi. Les » uns disent que l'élection fut unanime et » volontaire ; les autres (Vély et la plupart » des historiens) que le candidat avait *environné* l'assemblée de troupes qui lui as- » surèrent la plus grande partie des suffra- » ges. *Telle* qu'ait été cette élection, il s'en » tint content ; et faisant peu de cas de » quelques réclamations *impuissantes*, de » Noyon il alla à Reims se faire couron- » ner. »

(ANQUETIL.)

« Les uns s'efforcent d'excuser sa conduite » envers le duc de Lorraine; d'autres regar- » dant le droit héréditaire à la succession » invariablement établi, traitent son avène-

» ment à la couronne d'*usurpation manifes-*
» *te*... Il paraît que Hugues-Capet avait pris
» ses *mesures d'avance et sûrement*, puis-
» qu'au bout de quelques jours il se fit procla-
» mer roi à Noyon, et sacrer à Reims sans la
» moindre opposition. — Il n'y a rien d'ex-
» traordinaire dans cette circonstance qui
» ne peut servir à fonder *un droit*. Ceux
» qui étaient dans les intérêts du nouveau
» roi assistèrent à son couronnement ; mais
» *plusieurs* grands seigneurs qui n'approu-
» vaient pas son élection, ne s'y trouvèrent
» point, sans compter *plusieurs autres* qui
» n'eurent pas le temps d'être instruits de la
» mort du roi Louis et de *penser au parti*
» *qu'ils prendraient*... — D'ailleurs la reine
» douairière Emme fit tout ce qui dépendit
» d'elle en faveur de Hugues-Capet, non pas
» tant par *affection* pour lui que par *haine*
» pour Charles. »

(*Histoire universelle*. — GLABER, SIGEBERT, CHRON.)

Et voilà l'origine d'une légitimité dont quelques intéressés voudraient faire tant de bruit !

La captation, l'intrigue, la haine, la violence pour *gagner* une *partie déjà faite depuis longtemps*, en se faisant *aisément* proclamer roi par *des* évêques et *des* seigneurs, les amis de la *maison*; car Hugues-Capet avait pris ses *mesures d'avance et sûrement*, pour être proclamé et sacré par son compère l'archevêque de Reims, avant que *les autres* eussent seulement le temps *d'être instruits* de la mort du roi Louis et *de penser au parti qu'ils prendraient*..... Aussi quel cas fait-il de quelques réclamations *impuissantes?*... Et vous appelez cela *fonder un droit*, honnêtes gens du *droit divin!!* L'Usurpation a été obligée de recourir à la fraude, pour parvenir à cette prétendue légitimité; car elle n'eut même pas la majorité de tous seigneurs ou messeigneurs....

Où en seriez-vous donc, bon Dieu! si nous vous demandions ce que faisait le peuple, le vrai peuple, au milieu de toutes ces basses intrigues..... Mais nous n'abuserons pas de tous nos avantages : — Nous nous contenterons simplement de ceci :

— Ou l'élection ou la succession; —

— Si la succession, Hugues-Capet fut usurpateur de la couronne qu'il vola à son maître et roi, Charles de Lorraine;

— Si l'élection, il a non seulement usurpé sur la majorité de tous les seigneurs non consultés, mais encore sur la nation que la *légitimité* a toujours traitée en peuple conquis, et qui avait alors autant de droit au suffrage universel qu'aujourd'hui, voire que du temps de Clovis ou de Mérovée.....

— Royalistes et monarchiens, vous ne pouvez donc pas vous appuyer sur le sentiment démocratique ; la royauté est parvenue sans lui: elle l'à depuis toujours exploité.

VIII.

Oui, la royauté a traîtreusement exploité le sentiment démocratique, surtout sous la troisième race qui est toute la légitimité.

Où en était la fortune de la France lors de l'*intrusion* de Hugues-Capet ?

Nous l'avons vu: — le pays morcelé en mille et une petites souverainetés qu'on appelait fiefs ou seigneuries ; — au milieu de tout cet amalgame de féaux et seigneurs, le roi, l'égal, souvent l'inférieur de ducs ou comtes plus puissants ; — puis une foule d'autres féaux et seigneurs *spirituels*, bien et largement pourvus de toutes les misérables vanités de ce monde qu'on appelle richesses, honneurs, puissance :.... — Au pied de cette tour de Babel de la féodalité, qui était alors tout l'édifice social, des milliers de serfs, vassaux, vavassaux ou vilains, rampant attachés à la glèbe, mais encore plus fortement liés à toutes les douleurs de la vie servile...... —

Fatal résultat du système tombé des fortes mains de Charlemagne aux débiles mains de ses tristes successeurs ! !...

— A peine proclamé, Hugues-Capet adopta immédiatement la seule politique à suivre pour lui et ses héritiers : — Ramener l'unité royale par l'unité territoriale : des trois élémens rivaux, noblesse, clergé, peuple, flatter le plus faible, pour dominer le plus puissant : relever la démocratie assez haut, pour abaisser les deux aristocraties ; pas assez pour lui laisser deviner, soupçonner toute son omnipotence........

Politique constamment suivie par toute la dynastie avec plus ou moins de succès.

Après Hugues-Capet qui ne put que frapper le premier coup en forçant, par son exemple, la noblesse à se dessaisir, *au profit du clergé moins redoutable, d'un grand nombre de bénéfices ecclésiastiques, d'abbayes, de cures mêmes, possédés par des seigneurs, la plupart gens de guerre,* il faut citer en première ligne : Charles V qui retrouva la Guyenne, le Poitou, l'Aunis, la Saintonge, le Limousin : Louis XI qui réunit à la couronne la Bourgogne, l'Anjou, la Provence et le Maine : Louis XIV qui sut reconquérir l'Alsace, la Flandre et la Franche-Comté. C'est une justice que nous rendons *sans prévention* aux rois de la 3e race : cette royauté parvint, après des siècles, à ramener le royaume à l'unité qu'il avait perdue sous les deux autres dynasties. C'était payer bien cher les erreurs des Clovis et des Pépin ; mais la monarchie, si bien secondée dans ses efforts par la démocratie, fut-elle juste, fut-elle reconnaissante envers ce peuple qui la défendit, à l'heure du danger, contre les ennemis du dedans et du dehors ? Car ne l'oublions pas, si la France dut les défaites de Crécy, de Poitiers, d'Azincourt, à la vaillance impatiente, sottement orgueilleuse, follement indisciplinée de la noblesse, c'est aux enfants du peuple qu'elle dut de voir fuir l'étranger loin du sol, livré par la perfidie et par l'intrigue de quelques *grands*, envahi par l'avide ambition de l'Anglais... — Honte à ces ducs de Bourgogne! honte à tous ces nobles qui vendirent la patrie ! mais gloire éternelle, gloire à ces filles du peuple qui la vengèrent en repoussant l'ennemi ! Gloire surtout aux Jeanne-d'Arc, aux Jeanne Hachette !....

Non, la monarchie ne fut ni juste ni reconnaissante envers le peuple ; elle n'a jamais tenu ses promesses. L'histoire nous dit assez pourquoi et à quel prix elle rétablit les communes, ces vieilles institutions nationales confisquées, comme le reste, au profit de l'oppression féodale ; pourquoi et à quel prix elle prit parti pour le peuple contre les grands vassaux.... — Nous savons ce que signifient ces prétendus états généraux où ne figuraient que quelques *bourgeois*, mais du peuple, du vrai peuple, point... — On y songeait alors que les ressources ordinaires des dîmes, des gabelles, des impôts, charges, surcharges de tout rang et de toute nature ne suffisaient plus aux prodigalités ou aux périls de la position. ... C'est là tout l'esprit, tout le secret des assemblées nationales, des der-

nières surtout..... Mais le peuple!... de tout temps, sans le consulter, sans douter de sa générosité, on a recours à lui quand on a besoin de son bras, pour frapper, ou de sa misérable épargne, pour payer.........
Oui, M. le vicomte d'Arlincourt; oui, *la monarchie a vaincu la féodalité*, mais à son profit seulement. Ce n'était pas ainsi qu'elle l'avait promis à la démocratie, son alliée peu exigeante. — Au roi l'or et le sang du peuple..... Mais au peuple, quelles franchises, quelles libertés! — Non, ce n'était pas ainsi que Dieu le voulait. *Ce n'est pas ainsi que Dieu le veut.....*

Et quand l'habile romancier écrit : « *La France a été monarchique depuis qu'elle existe,* » il ne proclame pas toute la vérité, pas plus que lorsqu'il ajoute : « Ses mœurs » se sont formées le long des siècles, sous » de royales bannières; et son principe de » gouvernement héréditaire, approprié à ses » idées comme à sa nature, a développé » constamment une force si féconde, que » chaque souverain, peu à peu, agrandis- » sant le territoire, a porté la France à un » degré de puissance et de prospérité qui » en a fait la première des nations. »

Non, l'hérédité n'a pas *toujours* fait la force de la France, surtout quand à l'hérédité vint se joindre la *divisibilité*. N'oublions pas les maux de la *polyarchie* Mérovingienne ou Carlovingienne. L'unité, voilà le grand principe de vitalité qui ferait l'éternelle gloire de la troisième race, si elle eût été autre chose qu'un calcul d'intérêt dynastique ;... mais qu'importe ? La France en a profité : qu'elle soit reconnaissante.

Les Mérovingiens et les Carlovingiens avaient adopté le partage de la royauté, du royaume, comme d'un patrimoine à eux appartenant. A cette faute énorme Charlemagne en avait ajouté une plus grande, l'institution des grands vassaux, qui, après lui, devinrent assez forts pour s'ériger en maîtres indépendants, à la grande honte du suzerain affaibli qu'ils auraient fini par annuler.

Hugues-Capet inaugura le principe unitaire, autrement que Clovis et Charlemagne qui ne l'avaient voulu que pour eux : ses successeurs ramenèrent là leur politique autant que possible. Ce fut leur mérite incontestable.

La royauté avait fait le mal : la royauté le répara.

Les rois s'étaient amoindris, abaissés au profit de leur noblesse cléricale et militaire.

Les rois se relevèrent à l'aide, mais pas du tout au profit de la démocratie.....

Nous le demandons à tous les publicistes légitimistes, qu'était la royauté, sans le peuple, aux prises avec la noblesse orgueilleuse et puissante ?

Que devenait le principe monarchique sans le dévouement démocratique ?

Sans le peuple, le *beau royaume* de France serait peut-être encore couvert d'une foule de petits tyrans qu'on appelait ducs, marquis, comtes, ou barons.

Sans le peuple, la royauté aurait fini par n'être plus qu'une comté de France, moins puissante qu'une duché de Bretagne.

......Pauvre peuple, on n'est jamais venu à lui que pour lui demander son courage, son sang et sa vie ! ! !....

VIII.

Oui ou non, la France, à part le monde du privilège, fut-elle constamment démocratique autant que monarchique?

Je crois avoir déjà répondu assez longuement à cette question.

Oui ou non, lors des deux révolutions de 89 et de 48, la France était-elle suffisamment préparée au triomphe du principe démocratique ?

Oui et non.

Oui, si nous considérons les divers changements apportés dans l'ordre social, depuis 92.

Non, si nous nous laissons effrayer par les excès, sans chercher à distinguer la main qui voulut toujours compromettre chaque révolution, en la poussant à l'exagération.

D'autres ont assez écrit sur la première révolution pour qu'il nous soit inutile de nous en occuper ici.

1830 ne fut qu'une déplorable mystification ; nous n'en parlerons même pas pour mémoire.

Mais 48 ! ! !... Que penser de cette révolution éclose avant terme ? Est-ce une crise provoquée par la faiblesse des organes, ou par l'excessive santé du corps social ?...... Est-ce maladie de croissance ou mal de caducité ?

Répondons à ces questions par d'autres questions.

Quelle est la grande preuve de caducité ?

Est-ce l'imbécillité ou l'impuissance ? Un peuple est-il tombé en imbécillité, quand chaque jour, il étend ses conquêtes dans le monde de l'intelligence ? Un peuple est-il réduit à l'impuissance, quand chaque jour il accomplit les merveilles que l'univers admire ; quand chaque matin il se réveille plus vigoureux, pour continuer l'œuvre de sa force et de son génie ?

En 1830, un homme s'était trouvé qui s'était cru assez adroit, sinon assez fort, pour museler le lion populaire : la *bête* généreuse s'était laissée prendre aux caresses du cornac royal, lequel, à l'aide de quelques mirmidons, ses sous-cornacs, était même parvenu à remettre en cage le noble animal : on avait préalablement rogné ses ongles..... mais les ongles avaient repoussé, mais le lion s'était un matin réveillé plus honteux de ses chaînes, plus fier de ses forces..... Il avait brisé ses dernières entraves......

Oui, la France était préparée au triomphe du principe démocratique ; mais était-elle également corrigée de son éternelle et généreuse confiance, qui la livre toujours aux exagérations de tous ses ennemis ? Exagération en avant, exagération en arrière ?..

L'exagération en avant n'a jamais fait défaut dans le pays de l'initiative, par excellence, dans la patrie des cœurs vaillants et impétueux.

Le 25 février, à la tombée de la nuit, on proclame la république, sauf ratification du peuple (laquelle ratification n'est pas encore venue).

Un soir on proclame donc *une* république..... Vite dès le lendemain, Paris à son réveil en retrouve déjà des centaines d'autres, qui avaient poussé comme champignons, malgré les rigueurs d'une nuit d'hiver. Comment choisir la meilleure entre toutes ces républiques cryptogames ?

L'exagération en arrière est un peu plus cauteleuse, étant moins dans le caractère français. Avant de se produire au grand jour, elle a d'abord laissé croître tous les champignons ; puis, quand ils furent saturés de sucs plus ou moins délétères, elle a osé se glisser aux pieds de la France, portant à la main son rameau vert....... hélas ce n'était qu'une branche de ciguë !

Alors le corps social est tombé dans les horribles convulsions que toute la terre sait maintenant, auxquelles il allait succomber.., mais Dieu protège la France.. elle ne mourra pas de cet empoisonnement...

IX.

Enfin la constitution fut proclamée.... et la France entière, heureuse d'être débarrassée de la république conventionnelle, sociale, blanche ou rouge, vota pour le président d'une république démocratique, une et indivisible.

Un président, un seul, parce qu'il lui faut le pouvoir, le gouvernement monarchique avec une république

Démocratique, parce que si le peuple veut être gouverné, il veut aussi rester souverain; —

Une et indivisible, parce qu'il veut conserver sa force et sa puissance, parce qu'il ne veut pas s'amoindrir, s'anéantir dans une fédération qui ne serait qu'une féodalité déguisée comme la vieille féodalité, laquelle n'était elle-même qu'une fédération tyrannique.

Et puis qu'est-ce que la légitimité, cette exagération en arrière? Un non-sens dont on ne devrait déjà plus s'occuper.

Pourquoi parler d'un roi légitime, d'une royauté légitime, si ce n'est pour mentionner, ne fût-ce que comme mémoire, la *seigneurie légitime*?..... Si votre *Henri de France* est légitime héritier de Hugues-Capet, vous, quelques seigneurs seulement, vous, les héritiers sinon les fils des *quelques* barons qui l'ont proclamé, vous étiez donc les électeurs nés légitimes, les possesseurs légitimes du sol français, des âmes françaises, des individus français, que vous vous étiez distribués entre vous, comme *chose* à vous appartenant par droit ne naissance.... Quel est donc ce droit, s'il vous plaît?.... Voilà pourtant ce qu'il faudrait nous dire, pour en finir une bonne fois avec votre légitimité, dans un sens ou dans un autre.

L'un de vous a encore dit : « Si Henri *V* » n'eut été qu'un prétendant, il aurait agi » en conséquence... » — Eh ! mon Dieu ! n'a-t-il pas fait ce qu'il pouvait?... — Comédie ! comédie !..... Et si déjà il eût été possible de renouveler 1814 — 1815 à son profit, M. Henri Capet (ainsi soit!), seigneur né roi et maître de France, *cinquième* du nom de par l'insurrection *morale*, la seule permise, la seule qui soit *le plus saint des devoirs* pour les légitimistes, nous aurait déjà prouvé qu'il est *un principe immuable, unique, éternel*, comme la bonne foi des constitutionnels de la charte octroyée, — comme la misère du peuple qu'on a toujours choyé depuis des siècles, qu'on a toujours porté dans son cœur, et qui a toujours souffert de cette philanthropie seigneuriale et royale, dont Dieu le garde !... Nous n'avons pas oublié l'émigration, cette patrie de l'exil, armée contre la patrie du sol, et nous nous rappelons encore la Vendée de 93, voire celle de 1832, voire les quelques lis et les quelques candides étendards glissés, en Juin, de deux ou trois mains blanches d'innocence, au milieu de cette boucherie humaine dont Monseigneur de Paris crut pouvoir calmer les bourreaux refoulés et déjà vaincus dans leur repaire....

Nous voyons presque aussi de notre cabinet, dans certaine rue, certain hôtel dont le propriétaire s'écriait le 29 janvier 1849, en présence d'ouvriers peu sympathiques : — « Allons, mes amis, aux armes ! c'est pour la bonne cause..... (immobilité complète). — Ah !.. vous avez voulu la république.... Eh ! bien, vous la paierez cher.... Oui, *le petit* reviendra, quand le sang devrait couler à flots dans les ruisseaux de Paris... » — Ce doit être le très arrière-petit-fils de l'un des nocturnes héros du 24 août 1572, ou de toute autre bataille célèbre au même titre.

Vous la paierez cher : Voilà comme quoi on est autorisé à donner un singulier sens à ces lignes : — « Autour de lui (Henri de » France.... de France ! ! toujours incorri- » gibles ! Que serait-ce donc si... de France » et de Navarre ?) —Autour de lui se grou- » peraient *toutes les grandes fortunes du* » *pays* ;.... toutes les *fidélités monarchi-* » *ques* viendraient mettre à ses pieds...etc., » etc.... ; les salons de la grande capitale » demanderaient de nouveau des chefs- » d'œuvre au commerce et à l'industrie... » Le reste à l'avenant. Rappelez Henri : — Sinon — non. — Autrefois on disait vulgairement : « Pas d'argent, pas de Suisse... » Il faut retourner et dire : « Pas de... Henri, » pas d'argent. » — Ou Henri, ou la mort... — Ah ! vous n'en voulez pas? *Vous la paierez cher....*

— Nous verrons bien. —

— La veille de la grande affaire de Janvier, affaire où un *ancien* garde du corps s'est brillamment distingué par les blanches plumes de son chapeau, des ouvriers (nous affirme-t-on) avaient repoussé avec indignation et dégoût l'offre de quinze francs par jour pour *chômer*.... dans l'intérêt de la prospérité.... nationale. — Qui offrait cet argent?... — Le sais-je ? Courez voir ; la chose en vaut la peine ; mais n'oubliez pas ce vieux dicton : « Qui n'a rien ne donne » rien. » Ni cet autre : « On ne peut tirer de » la farine d'un sac à charbon. »

Laissons ces misères. Après avoir renoncé au ridicule *droit divin*, les légitimistes sont amenés à renier même la légitimité : « *Il* ne veut rien que par la France et pour la France. (Quel désintéressement ! C'est à faire honte aux trois ou quatre derniers bourbons, ses grands oncles ou grand papa de l'invasion étrangère) : « *Roi* si son pays l'appelait. » C'est-à-dire plus du tout roi et tout de suite exilé bénévole, si un jour *son* pays le *re*priait poliment de s'en retourner comme il serait venu... — Oui, va-t-en voir s'ils viennent, Jean... —

Ainsi donc plus d'autre légitimité que la légitimité du peuple, qui est en pleine *res-*

tauration du suffrage universel, ce qui vaut un peu mieux que l'universalité des baïonnettes étrangères, mieux même que les *quelques* voix de *quelques* seigneurs d'autrefois, compères et compagnons du comte Hugues-Capet, la grande tige desséchée de la légitimité *royale*.

Eh! quoi! Dieu créa l'homme avec le libre arbitre, et cette ex-légitimité voulait qu'il fut inféodé, pieds et poings liés, machine humaine à la merci d'un maître plus absolu, plus despote que la divinité elle-même!..... Vous voyez bien, légitimistes, que c'était absurde. —

..... Un fleuve naissant coulait entre deux vastes plaines :.... soudain à un passage étroit, des roches se détachent d'un monticule, et tombent : le lit du fleuve se trouve comblé : les eaux refluent vers leur source, et se répandent par-dessus bords, à gauche et à droite, en mille petits ruisseaux qui finissent par disparaître dans le sable ou dans les terres labourées... Le lit inférieur reste longtemps ainsi desséché, et plusieurs générations passent, étonnées du phénomène... Mais après des siècles l'eau parvient à s'infiltrer entre les rochers :.... ce premier passage ouvert par un filet d'eau suffit, et un jour tout le reste du fleuve se précipite, entraîne dans sa violence les roches séculaires,... et le lit desséché redevient fleuve...

Ce fleuve, c'est le peuple qui refoule les rochers de la servitude, et qui redevient le maître du lit naturel où il coulera désormais majestueux....

Le fleuve ou le peuple avait-il ce droit ?

Y a-t-il maintenant d'autre légitimité que celle du peuple ?...

Qu'on ait le courage et la franchise de répondre : *oui ou non.*

X.

Quand sont venues les grandes élections démocratiques, pour la nomination d'un chef unique de la république une et indivisible, le peuple a bien prouvé qu'il voulait une seule chose en fait de pouvoir : le commandement d'un seul, la monarchie dans la démocratie.

Les adversaires de la puissance unitaire, les ennemis de la république démocratico-monarchique n'obtinrent pas un vingtième des voix !!!

Quelques jours après la proclamation de Louis-Napoléon Bonaparte, j'écrivais à un ami, peu sympathique à ce nom, quelques lignes que je crois encore malheureusement vraies aujourd'hui :

« .... S'il m'en souvient c'était le 31 décembre : vous aviez un œil ouvert sur 49 et l'autre fermé sur 48..... oui, c'est bien cela : il y avait à peine dix jours que Louis-Napoléon Bonaparte était installé, et déjà votre pétulance le gourmandait... Que dites-vous donc à l'heure qu'il est ?

« ...... Vous vous raillez un peu de moi, ami : je n'en dirai pas moins tout ce que j'ai sur le cœur.

« Vous avez tort de vous étonner de mon *aveugle* prédilection pour Louis-Napoléon : Elle s'appuie sur un principe en politique; je n'admets qu'une chose : *La Nation*. Comment s'est-elle jamais mieux résumée ?

« — On n'est pas content de lui..... — C'est possible : si c'est un peu sa faute, c'est peut-être aussi beaucoup plus celle des autres.

« Je m'explique :

« Nous sommes ainsi faits en France : à

peine un gouvernement est-il établi, qu'il soulève un essaim de mécontents. — Pourquoi? — Le voici :

« Nous ne sommes pas, quoiqu'on en dise, nous ne sommes pas une nation politique ; l'histoire le prouve : nous sommes une nation constamment tiraillée par quelques intrigants politiques. Mettons en 500 mille : c'est tout le bout du monde.

« Louis-Philippe, ce loup *blanc* caché sous la peau de l'agneau *tricolore*, Louis-Philippe arrive en 1830. Vous savez quel fut l'engoûment irréfléchi d'un assez grand nombre.... Des républicains de bonne foi crurent pouvoir lui crier en Spartiates : Vive le roi, les braves gens !!... A peine installé, il perd dans l'opinion. Pourquoi? — Attendez.

« Louis-Philippe tombe du trône.... dans un fiacre : un gouvernement provisoire *se* proclame : tout va presque bien d'abord ; c'était même étonnant, merveilleux pour les premières heures d'une révolution *impromptu*;.... mais survient aussitôt le mécontentement... — Pourquoi ? — Attendez.

« Un beau matin, par une douce rosée de

mai, la commission exécutive s'installe dans le palais de Médicis, au milieu des roses naissantes et des lilas épanouis. Ce fut aux grands applaudissements de quelques-uns : c'était naturel, le nombre des maîtres diminuait, le pouvoir retournait à la république *monarchique*.... Mais bientôt la commission tombe à plat.... — Pourquoi ?

« Vient Cavaignac qui s'en retourne un peu moins vite, il est vrai ; mais enfin il s'en retourne....

« Puis Louis-Napoléon nous est envoyé comme le Messie, un peu avant Noël, le 20 décembre.

« C'était alors une grande joie : c'est presque aujourd'hui un immense mécontentement.... Pourquoi ? Pourquoi ?...

« D'abord parce que nous nous laissons mener par des faiseurs ; c'est notre faible à nous français. — Parce que chaque gouvernement qui arrive promet une curée de places à ceux qui chassent les anciens ; — parce que le nombre des aspirants étant incommensurable et le nombre des prébendes un peu réduit, eu égard aux appétits qui sont immenses, tout gouvernement qui s'installe peut être sûr d'avoir contre lui l'épaisse phalange de la majorité des intrigants, qui perdent ce qu'ils tenaient ou qui n'obtiennent pas ce qu'ils pourchassaient.

« Les déplacés et les déjoués font cause commune...

« La main sur la conscience, dites-moi si ce n'est pas l'histoire de tous les régimes en France ?

« Sous Napoléon, c'était moins vrai, parcequ'il avait pâture à jeter aux gloutons, la gloire, qui dévorait nos voisins pour nourrir le Minotaure français.

« Sous les romains, nos fiers républicains Gaulois vendaient les libertés nationales pour un laticlave, pour un siège au sénat, pour un palais à Rome...

« Il en sera toujours ainsi tant que l'élection, introduite presque partout, ne laissera plus rien à l'intrigue, rien au mécontentement.

« Il en sera toujours ainsi tant que l'élection elle-même ne sera pas *moralisée*, c'est-à-dire, tant que les comités électoraux ne se donneront pas la peine de rechercher les plus capables, pour les pousser à la candidature, au lieu d'assister aux scandaleuses parades de candidats intrigants, espèces de commis-voyageurs circulant et pérorant pour leurs affaires personnelles... Heureux quand les bureaux de ces comités ne sont pas des espèces de sociétés en commandite!! Allons chercher Cincinnatus : n'attendons pas qu'il vienne poser dans un comité : il ne viendrait pas.

« Voilà pour l'histoire générale, toujours à mon point de vue.

« Mais pour en venir à l'histoire particulière de Napoléon, je vous avouerai, en toute humilité, ne pas comprendre sa marche politique : elle dépasse ma lourde intelligence.

« Ceux qui se disaient ses amis ont fait fausse route aux élections présidentielles : ils ont proclamé leur amour de la conciliation : c'était bien : je l'ai prêché moi-même; mais il n'en fallait pas moins planter son drapeau, le drapeau national...

« C'est le seul qu'on ait vu flotter sur tous les clochers des villes et des villages. Ils avaient l'air de ne pas y croire.

« Ils ont eu la faiblesse de douter de la popularité de Louis-Napoléon et de se défier du nom qu'il porte... Les imprudents!

ils ont voulu croire à l'opportunité de certain concours..... A chacun son drapeau : on aurait vu la pauvreté numérique des partis qui ne sont pas la nation. La position restait nette, franche, toute puissante.

« On n'eût pas vu le triste spectacle d'intrigants, de pis que cela, se donnant des airs de protéger un drapeau, sous lequel ils espéraient s'abriter et retrouver les consolations des largesses perdues.....

« On n'aurait pas autorisé certaines notabilités à écrire ces mots : nous sommes de ceux qui ont le plus contribué !... » quand il aurait fallu dire au contraire : « Malgré certain concours compromettant, Louis-Napoléon a été proclamé... »

« La mauvaise presse, vaincue dans sa tyrannie, se fût contentée d'être désormais flambeau, au lieu d'être torche incendiaire, ou glaive menaçant.

« Moi, j'aurais voulu arriver contre vent et marée, je me serais laissé aller à la dérive... Je serais arrivé plus confiant, partant plus fort : je dominerais les factions, comme le souvenir Napoléonien planait sur tous les comités électoraux; je dominerais l'anarchie, comme la réaction; je serais en mesure de gouverner.

« Dans un petit écrit j'avais supputé les impuissances rouges et blanches ; mes chiffres se sont trouvés d'une exactitude rigoureuse à l'endroit des uns, ils eussent été encore plus sévèrement exacts à l'égard des autres. On n'a pas voulu !... Un soi-disant ami n'a pas même daigné hocher la tête....

« On aura craint de froisser..... on voit les résultats : on n'a pas su préparer un gouvernement immédiatement facile.... On craignait d'échouer... oh ! Napoléon ! ! !... On ne comprenait donc pas la magie de ce nom ?... Rappelez-vous pourtant que c'est la première fois qu'un *nom* domine l'intrigue des élections....

« Un mot, un seul était vrai, c'est celui-là de Louis-Napoléon regardant la colonne : « Voilà mon électeur.... » Pourquoi l'avoir oublié ?

« Que fait aujourd'hui le Président de la république, me demandez-vous ? Le sais-je ? Je puis bien me glisser courtisan aux portes d'un cachot, jamais au seuil d'un palais, fût-il démocratique... — Je désire pour la nation comme pour lui (ils ne font qu'un), qu'il s'entoure de dévouements éprouvés, quoique demeurés obscurs.... ;

mais si au lieu de choyer les *vrais* patriotes, restés dans l'ombre pour n'avoir pas voulu se vendre, il aime mieux prendre parmi les masques ou les vieilleries, qui ont figuré à toutes les parades gouvernementales, tant pis pour lui, tant pis surtout pour ce pauvre peuple de France, qui croyait aimer en lui le continuateur de la politique napoléonienne.

« Napoléon savait deviner les hommes ; son neveu ne saurait-il pas même les comprendre ?

« Napoléon avait taillé lui-même dans le roc populaire, les colonnes de l'édifice colossal de sa gloire et de sa puissance : son neveu, sans descendre aux carrières, est resté parmi les débris de deux royautés, et là, guidé par je ne sais quel mauvais génie, il a rassemblé, au milieu des royales ruines, les matériaux du monument promis à la France démocratique.

« L'édifice impérial s'est écroulé, parce que quelques vieux fûts de marbre blanc s'étaient glissés à la base. Que sera-ce d'un monument qui repose sur des décombres ?

« La colonne Vendôme s'élève encore

orgueilleuse, parce qu'au bronze des batailles ne s'est mêlée que la sueur du peuple...

« Parmi le cortége formé autour de Louis-Napoléon, parmi les courtisans qui l'enserrent dans le cercle de leurs ex-royales flagorneries, qui voit-on ?... Les mêmes insulteurs de la gloire napoléonienne qu'on a vus depuis plus de trente ans mendier grâces et faveurs de toutes les royautés qu'ils ont tour à tour servies, desservies, choyées, délaissées, sans les empêcher de tomber, sans les suivre dans leur chute... Avides fossoyeurs toujours habiles à dépouiller ceux qu'ils enterrent, pour se parer de leurs dépouilles, dans les antichambres du pouvoir qui succède dans les palais et qui succèdera bientôt dans la tombe des morts.

« Louis-Napoléon, notre seul espoir, la » France n'a pas désespéré de toi... Com- » prends-la, et bientôt tu auras élevé, toi » aussi, ta colonne immortelle, et tu pour- » ras graver sur le granit : *Exegi monu-* » *mentum.* »

« Mais où me laissé-je emporter, ami ?... Il fait grand brouillard ; espérons que demain la lumière se fera.... Au revoir.... »

XI.

Oui ou non, — la république que nous avons inaugurée, peut-elle approuver la politique du 20 décembre, soit à l'intérieur, soit à l'extérieur.

Voyons et jugeons.

A l'intérieur, dans quelle voie sommes nous? Les gouvernants semblent vraiment la race d'hommes la plus fatale et la plus maudite de la chrétienté...... Toujours les mêmes depuis trente ans, depuis 15 ans surtout..... Aujourd'hui sous la république, comme sous la dynastie de juillet, mêmes tendances, même aveuglement, même...... Ne dirait-on pas que les révolutions ne sont que des maladresses?... Le gouvernement qui remplace les autres a toujours la fatuité d'être plus adroit que ses devanciers : les gouvernants me paraissent raisonner comme ces grands enfants qui, tous les étés reviennent se baigner au même courant ... On a beau leur crier : « Prenez donc garde; tous les ans, l'année dernière encore, deux de vos camarades se sont noyés au même endroit. » — « Des maladroits qui ne savaient pas nager! Des imprudents qui venaient de manger ! !... » Et tous les ans le fleuve dévore deux ou trois victimes...

Oui, le pouvoir est comme la torpille qui semble fasciner, engourdir ceux qui ont le malheur d'y toucher, même de loin..... Ce sont des égoïstes ou des incapables qui ne semblent courir après que pour en mésuser. — On prêche liberté, on parle liberté, on combat pour la liberté:.. à peine installé, on ne s'occupe plus que de réfréner au lieu de diriger :... il faut moins de science, je l'avoue ; mais aussi faut-il plus de force brutale,... et la force brutale tombe tôt ou tard vaincue par le droit, par la simple raison...

Quand donc les gouvernants voudront-ils comprendre que le pouvoir n'a pas été fait, institué pour eux, c'est-à-dire pour leur satisfaction personnelle, mais uniquement pour la nation, pour améliorer la nation, faire les affaires de la nation, protéger la liberté, tous les intérêts de la nation ?

Étrange anomalie! On veut la liberté, on veut les conséquences d'une révolution qui a tout changé.... Quels auxiliaires appelle-t-on pour la diriger dans la voie du progrès?

Les mêmes mercenaires qui ont tout entrepris contre la liberté, qui ont dépensé tout le génie de la France, tous les trésors de la France, pour river à ses pieds les chaînes les plus lourdes, pour étouffer sa voix et jusqu'à ses élans les plus généreux...

La patrie n'a-t-elle point des hommes qui répugnent moins à l'honneur français, aux libertés françaises?...

N'écoutons point la peur, cette mauvaise conseillère qui donne aujourd'hui de l'audace aux lâches, qui n'ont su que se cacher sous le lit de leurs femmes, quand il fallait tout défendre.

Sachons aussi résister à ces casse-cous politiques, à qui la lâcheté des autres tient lieu de courage personnel, qui vont, qui vont toujours, sans regarder en avant, sans regarder en arrière, et donnent tête baissée dans tous les abîmes béants sous leurs pas.

A la puissance du peuple je ne connais rien de comparable que la puissance de la vapeur: comprimez, vous brisez; dirigez, vous faites des merveilles... Depuis février, tous paraissent avoir oublié ces notions élémentaires du mouvement: quand le peuple, cette immense vapeur, poussait en avant, les uns ont ouvert toutes les soupapes de la machine gouvernementale ; ils ont perdu dans le vide toutes les forces vitales... Les autres ne dirigeaient pas ou dirigeaient mal... et pourtant les guetteurs ne manquaient pas pour leur crier : « prenez garde, vous allez dérailler dans le Fampoux de la misère et de la guerre civile. »

En face de ces hommes qui veulent que l'ordre soit un frein, et le repos, le calme, une station dans le bourbier de la misère, qui rencontrons-nous?... On ne peut donc faire un pas en France, sans tomber d'un excès dans un pire ? Ne saurait-on plus passer sain et sauf entre Charybde et Sylla?... — qui trouvons-nous ?

Des ambitieux, des utopistes ou des fous toujours mécontents de ce qui ne sort pas de leur officine ; pérorant aujourd'hui pour leurs amis, se dressant demain contre eux, s'ils sont arrivés au pouvoir, qu'ils ont la douleur de ne point partager ;... cachant sous les plis de leur drapeau philosophique, philanthropique, socialiste, communiste, toutes les petites misères de leurs mesquines ambitions ; déguisant sous les dehors d'un désintéressement, d'une sobriété stoïque, l'ardente soif des honneurs et du commandement qui les dévore : des espèces de corsaires sociaux promettant aux *travailleurs*, ennemis du travail, les dépouilles du travailleur qui s'est enrichi par son labeur; faisant de la propagande à coups de fusil et courant crier au coin de chaque rue : la bourse ou la vie... affamant l'ouvrier qu'ils ont détourné de l'atelier, pour lui donner le courage, la rage de la faim qui se rattache à la vie... Ils ont demandé le suffrage universel ; que veulent-ils maintenant contre lui avec leurs baïonnettes ou leurs coutelas?... Les bonnes doctrines surmontent les obstacles ; la vérité triomphe par le martyre; le brigandage seul se fait à main armée... Je ne parle point d'assassinat, j'estime encore trop leur vaillance, quoique aveugle,... Jacques Clément, Ravaillac et Cadoudal n'étaient point socialistes.......... Utopistes, socialistes, ne croyez-vous pas être les plus maladroits ennemis de la république ? Ne voyez-vous pas que vous prêtez vos bras nerveux et votre bravoure incontestable, magique, à ces lâches qui n'ont que la valeur de leurs coffres, à ces royalistes, ces conservateurs, soi-disant, qui se cachent derrière leurs rideaux, tandis qu'ils vous ont soudoyés (à votre insu), pour vous battre au profit de leurs projets ténébreux, frères contre frères, démocrates contre démocrates... Ouvrons tous les yeux, n'assassinons pas la démocratie notre mère commune... Nos éternels ennemis sont là,... blottis dans leurs salons, qui attendent et supputent les profits de nos guerres civiles...

— Que penser de la politique extérieure?... — Jetons les yeux non seulement sur la carte de l'Europe, mais encore sur le monde entier... Partout des peuples sympathiques, même dans les Indes Orientales, dont nous n'avons du reste point à nous préoccuper.

Que veut la Turquie? L'amitié désintéressée de la France qu'elle préfère à l'alliance de tout autre peuple.

En Afrique, les deux seuls états voisins de notre civilisation continuent d'être fiers de nous compter parmi leurs plus fidèles alliés, heureux de venir puiser aux sources de l'intelligence française le principe de vie et de progrès politique et social... Et non loin de ces pays amis, une France nouvelle qui s'élève puissante en face de notre antique patrie, deux sœurs assises sur les deux rivages opposés de la Méditerranée, mesurant l'espace qui les sépare et comme cherchant à se réunir dans un étroit embrassement...

En Amérique, les sympathies des plus puissantes républiques ne peuvent manquer à la république française...

En Europe, quelle place occupons-nous ? — Le plus unitaire et le plus uni des peuples du monde, nous habitons le pays le plus beau peut-être, assurément le plus sain de l'univers, le plus riche, puisque seul de tous les pays connus, il pourrait se passer des autres...

Tandis que l'Angleterre est condamnée à parcourir toutes les mers, toutes les contrées, pour enrichir, pour nourrir ses *sujets* disséminés sur le globe ;

Tandis que toutes les nations sont plus ou moins obligées d'imiter l'Angleterre dans ses recherches commerciales et industrielles ;

La France, assise à son foyer, peut attendre sans fatigue, sans intrigue, que le monde entier aborde sur sa terre privilégiée, apportant son or en échange des merveilles de notre industrie, en échange de toutes les prodigalités que la nature nous a faites.

Autrefois la capitale se contentait d'être la reine de la mode : aujourd'hui elle est réellement la reine du monde : là, de tous les pays, des états les plus voisins comme des océans les plus lointains, des contrées les plus éclairées comme des régions les plus barbares, tout afflue, tout se presse, chacun vient chercher son rayon de lumière.....

On a pu un jour représenter aux nations ignorantes le peuple français comme un peuple égoïste, envahisseur : l'absolutisme, caché sous le masque de l'indépendance, a pu parvenir à pousser un million d'esclaves, des quatre points cardinaux de l'Europe, à la destruction de nos gloires et de nos franchises nationales... Pour leur juste châtiment, toutes les royautés comprennent trop tard qu'elles ont aidé l'émigration fratricide à briser la puissante main, la seule capable de faire respecter l'autorité monarchique..... et les peuples aussi trop tard éclairés, ont appris à leurs dépens qu'en servant de gendarmes à l'aristocratie vaincue, ils étaient venus baillonner la démocratie européenne, en frappant au cœur la démocratie française.... — Depuis que les monarchies imprudentes sont venues mêler leurs bataillons étonnés à nos populations sympathiques, même à des ennemis, les idées ont bien changé !!... — Les peuples ont vu en nous le peuple le plus franc, le plus généreux, le moins préoccupé de ses intérêts : ils ont vu surtout à Paris la population la plus hospitalière, faisant à tout venant les honneurs de la cité, avec cette politesse, cette *avenance* qu'on ne retrouve nulle part.

Que pourrait aujourd'hui une sainte alliance contre un peuple magnanime, toujours prêt à rompre le pain de l'hospitalité, toujours prêt à partager, avec les étrangers, comme avec des frères, les fruits de son intelligence et de son travail ?

Trouvez donc en Europe une seule nation qui n'aime pas la France? Aussi quel élan sympathique de tous vers nous en février 1848! Quel espoir dans notre dévouement !

Tous les rois ont alors tremblé sur leurs

trônes : ils avaient tort; la France n'a jamais été aggressive ; elle ne le sera jamais : la France n'est point envahissante ; elle ne le deviendra point... Ce que les français ne veulent pas, c'est que les plus forts se coalisent pour l'oppression des plus faibles.

La France a-t-elle fait son devoir au milieu des révolutions qui ont agité les divers états de l'Europe?...

Sans tirer le glaive, pouvait-elle assez peser dans la balance, pour la faire pencher du côté de la justice et de la liberté ?

Doit-elle attendre que la Prusse et l'Autriche rassurées dans leur tyrannie, que le Bourbon de Naples raffermi dans son despotisme, rendent l'audace aux phalanges liberticides des gouvernements nos éternels ennemis, aujourd'hui nos perfides, nos apparents amis ?

De quelle officine est sortie cette politique homéopathique qui surexcite la république française au point d'étouffer la république romaine ?

Et pourtant l'occasion était belle, pour aider sans coup férir : le monde stupéfait, l'Europe ébranlée de notre secousse, la révolution de Paris retentissant jusque sur les bords de la Néva, la Russie menacée à l'Orient et à l'Occident, la Prusse révolutionnée, l'Autriche perdant pièce à pièce ses conquêtes révoltées, l'Italie se rappelant son origine et sa gloire romaine, l'Espagne annihilée par ses guerres intestines, l'Angleterre elle-même surchargée par sa dette énorme, tiraillée par l'émeute silencieuse mais menaçante, harcelée par la faim et l'insoumission d'un peuple qui ne veut pas mourir sans vengeance, l'Angleterre disséminée, éparpillée sur toutes les mers du monde, toutes les puissances nos rivales autrefois conjurées, maintenant blessées au cœur, en présence de la France renaissante, éternellement virile, fière de sa vigueur populaire, redoutable surtout par l'élan sympathique qui pousse toute nation vers elle..... Que pouvait l'Europe vieillie, usée, en face d'une nation compacte, unie, forte de sa vaillance juvénile, forte aussi de ses amitiés étrangères?...

La France n'avait qu'à élever sa puissante voix, qu'à faire un signe...

Et pourtant le sang coule à flots dans les champs de la belle Italie... et nos frères ne sont pas libres.

La France attendra-t-elle qu'on ose venir l'insulter, pour sortir son épée du fourreau ?...

Il en est temps encore... qu'elle parle : elle sera écoutée, et tous les peuples la béniront.

Plus tard..... — Est-ce là ce que Dieu veut ?...

XII.

Faut-il désespérer de notre nation ? — Electeurs, c'est à vous de répondre.

En France le corps social ne tombe point en décrépitude : les différentes crises qui l'ont secoué sont loin de prouver la faiblesse de ses organes : la France est dans toute la force de sa virilité. Elle a pu s'instruire de l'expérience des siècles : qu'elle ne mette pas en oubli les leçons du passé.

On a dit : la république fut l'enfance des sociétés. — Je réponds : exemple : Rome royaliste à son berceau, républicaine dans l'âge viril.

Mais gardons de redevenir imitateurs : soyons *nous-mêmes*.

L'instinct démocratique n'est pas un ressouvenir de 93, si le suffrage universel est la branche de salut, à laquelle croient pouvoir se rattacher les *républicains* révolutionnairement réactionnaires. Le principe démocratique domine notre histoire, restons démocrates.

Nous avons longtemps gémi sous la république féodale, qu'on appelait, je ne sais pourquoi, monarchie. A cette république nous en avons substitué une autre plus logique, la république ou plutôt la souveraineté du peuple avec le pouvoir ou gouvernement d'un seul ; restons *nous-mêmes* : n'usons pas notre vitalité en d'éternels changements. Toujours souverains, déléguons ; mais n'abdiquons pas notre souveraineté ; ainsi le veut la constitution, entre les mains d'un chef unique, et ne soyons pas assez enfants pour nous tourmenter du nom qu'il porte. Ayons la chose, c'est-à-dire la souveraineté, sans nous occuper du mot, ou plutôt du nom qu'on a voulu ou qu'on voudrait donner au chef à qui nous avons confié par délégation le soin, l'usage de cette souveraineté.

Nous sommes *nous*, c'est-à-dire nos maîtres par la grâce de Dieu, puisque Dieu protège la France : soutenons, de nos sympathies et de nos bras, le gouvernement que nous nous sommes choisi, et le chef que nous possédons par le suffrage universel, c'est-à-dire par la grâce du peuple, ce qui est aussi, et bien plus, la grâce de Dieu... —

N'oublions pas que les *rares* français, qui défendent la légitimité, tout en admettant le suffrage universel, ne peuvent être de bonne foi, lorsqu'ils proclament aussi haut que nous la souveraineté du peuple.

Cette souveraineté, nos pères l'avaient proclamée aussi, l'histoire sait ce qu'ils en ont fait en 1814 et 1815, pour la livrer à la sainte alliance, qui combattait comme eux pour la légitimité.

Légitimité ! Souveraineté du peuple ! Quelle anomalie !... l'une exclut l'autre : du moment qu'ils confessent avant tout la légitimité d'un homme, ils repoussent la souveraineté de la nation, ou ils ne l'acceptent que pour la servir comme par le passé...

Le peuple peut ce qu'il veut : nul ne saurait lui imposer la légitimité... lui seul est légitime. —

Le peuple fera bien cette fois d'accorder sa confiance, non point aux saltimbanques qui s'en vont déclamant sur certains tréteaux politiques, mais bien aux plus honorables citoyens qui dédaignent de courir après la popularité, et qui recèlent leur patriotisme et leur amour sincère de la liberté, dans l'obscurité du foyer domestique.

Aux comités le soin de l'aider dans la recherche du vrai mérite.

En résumé que veut la France ?

— Non point seulement l'ordre, ce drapeau banal qui rallie aussi toutes les lâchetés, toutes les perfidies, toutes les réactions, mais l'ordre avec la liberté, avec toutes les prospérités nationales :

— La légitimité de la nation, c'est à dire la souveraineté du peuple exprimée par le suffrage universel :

— La constitution que la nation veut ; le chef unique qu'elle s'est choisi sans arrière-pensée, sans autre désir que d'obtenir un gouvernement, qui aspire à l'honneur de la gouverner, non pour obtenir la jouissance, la gloriole du pouvoir, mais pour rétablir : au-dedans le bien-être de tous par le travail, la confiance commerciale et le dévouement général ; au dehors cette gloire, cette influence française qui pourrait être, sans effusion de sang, si honorable pour nous, si utile pour les peuples qui espèrent en nous.

— La mise en pratique, non point sur les murs seulement, de cette noble devise : Liberté, Egalité, Fraternité ; non point à la manière des utopistes ou des intrigants, mais suivant le sens commun, suivant l'esprit de l'Evangile.

— L'oubli de cette politique royale et féodale, *jouir en dominant*, et l'application immédiate de cette politique démocratique : *vivre en travaillant :*

— Conciliation générale, — laquelle ne dégénérera point en niaiserie pour les uns, en duperie pour les autres.

— Conciliation, c'est-à-dire adhésion franche au suffrage universel, reconnaissance de la souveraineté du peuple, la seule légitimité *légitime*.

— Conciliation, c'est-à-dire abnégation de soi-même de la part des individus, pour se soumettre à la volonté nationale :

— Conciliation, c'est-à-dire justice pour tous de la part du gouvernement, sans qu'il soit pour cela niais ou dupe, au point de choisir ses instruments parmi les hommes connus pour être antipathiques aux libertés nationales, antipathiques à la souveraineté du peuple.

— Mais pour la pratiquer, cette conciliation, il faut cesser de dire : « Qu'*il* re-» vienne, et alors, seulement alors, nous » ouvrirons nos trésors au commerce, à l'in-» dustrie, à tous les arts... Sinon, non. »

— Mais pour la pratiquer, cette conciliation, il faut cesser de vouloir prêcher, l'arme au bras, des doctrines que la majorité, la presque universalité des français repousse comme funestes :—instruisez, mais n'égorgez pas : qu'y a-t-il d'impossible avec le suffrage universel ? Que peut la force brutale contre le peuple souverain ?....

Voilà, je crois, comme nous devons vivre en liberté.

Oui ou non. — Dieu le veut-il ?

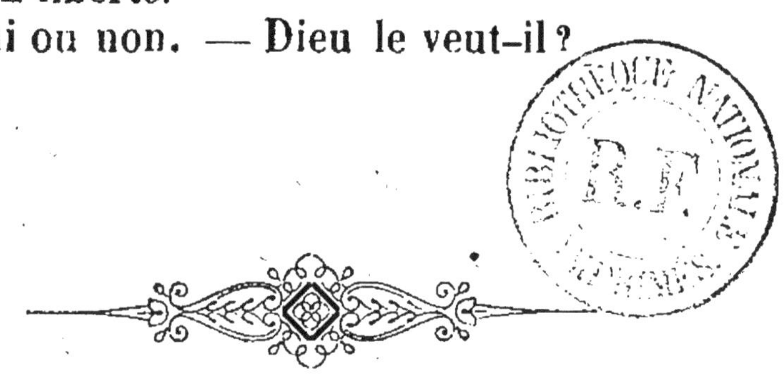

Château-Thierry. — Typ. d'Eugène LAURENT.

www.ingramcontent.com/pod-product-compliance
Ingram Content Group UK Ltd.
Pitfield, Milton Keynes, MK11 3LW, UK
UKHW020412230726
13925UKWH00004B/1372

9 782014 067743